Made in the USA
Monee, IL
11 December 2019

18390154R00072